El que menos sabe

colección
tercer gesto

www.eolasediciones.es

Dirección editorial: Héctor Escobar
Coordinador de colección: Rafael Saravia
Diseño y maquetación: Alberto R. Torices

ISBN: 978-84-10057-21-0
Depósito Legal: LE 57-2024

Impreso en España

El que menos sabe

Tomás Sánchez Santiago

eolas
poesía

Ser tildado por todos de inútil
sin que se me alabe
ni se me importune.
Alguien así
querría llegar a ser…

Kenji Miyazawa

(Versión 5)

ALEJ~~AMI~~ENTOS LAS BUENAS INTENCIONES ¿?

Pájaros de lo anterior, no me visitéis ~~ya.~~
ya.

yo olvidaré ~~de pronto~~ de lejos vuestros nombres.

***

~~Me llamaron~~ los animales de lo hondo. Quieren llegan/a por mí también
llevarme allí,
donde esperan razones pero no deslumbramientos.
No iré = sitio de paso
la espesura, abriga en falso, quema
su pasto oscuro, apaga el hervor de los sentidos
con bocanada fría
Todas sus puertas conducen
al pensamiento y sus desolaciones. Nada más.
Me llamó lo hondo
con sus pájaros ~~negros~~ ciegos.
Lo sé = si bajo allí
no me asiste la luz. No hay luz. Tan solo
la palidez insulsa de las ~~certidumbres~~ certezas
No lo que busco = la extraña sabiduría de la confusión.
Me ~~alejo~~ aparto
de la verdad dudosa de esos huesos ¿?
rotos. Me alejo
de lo hondo también.
Dedos negros dan frío y dan
~~y dan~~ miedo. bastante.

***

Qué va,
tampoco voy a abrigarme
con lo que más adelante pesará lo suyo. Miro
la tiniebla del futuro y no me avasallan
las agujas del estremecimiento. Lo que haya
allí no me concierne
ahora. Sus fibras de esponja fría,
su sustancia engorrosa,
¿quién la podrá saber?
Ni caso.
Vivir mientras así,

(---)

LAS BUENAS INTENCIONES

¿Por qué, pájaros de lo anterior?

No me visitéis
ya.

Yo olvidaré de lejos vuestros nombres.

*

Los animales de lo hondo han llegado a por mí
también,
ante mi corazón extienden dientes inconcretos
y un dominio de nudos que oscurecen el aire.

¿Qué quieren?
                    ¿Arrastrarme a esa última espesura
donde nunca espera el deslumbramiento de estar vivo?

No iré:
        sitio de paso,
abriga en falso, quema

su pasto oscuro, apaga el hervor de los sentidos
con bocanada negra.
                                        Todas sus puertas conducen
al pensamiento y sus desolaciones. Nada más.

A por mí de lo hondo llegan pájaros
ciegos.
            Lo sé:
                        si bajo allí no me asistirá
la luz. No hay luz. Tan solo
la insulsa palidez de las certezas
pero no lo que busco: la deshuesada sabiduría
de la confusión.

Me aparto
de la verdad sin alma de esas sombras
nombradas.
                    Eso es: me alejo
de lo hondo también.

Por allí nunca sabe a compasión el pensamiento.

Sus dedos dejan frío general, dan miedo
bastante.

*

Qué va,
            tampoco
voy a abrigarme con lo que más adelante la vida traerá.
O fruta fallida o números dulces.

Lo que venga entonces no me concierne
ahora.
Sus fibras de esponja aún fría, su sustancia engorrosa
¿quién las podrá saber?
Miro
la tiniebla del porvenir, no me arredran
sus preguntas agudas como agujas
que conocen mi nombre.

Ni caso.
            Vivir mientras tanto sin cómo,
sin orden en la piel
y entre pequeñas fogatas repentinas
que se me vienen encima sin aviso,
con inmediato amor.

La vida así: un quehacer
sin el permiso oscuro de los nombres.

QUEHACER

El artesano pone su obra por encima de cualquier otra cosa; debe, pues, destruirse por ella.

Constantino Cavafis

LA NIEVE, TODAVÍA

No la esperaba
ya, así que miro asustado
unos copos abiertos a medias
como melocotones fríos, extrañamente
lentos mientras duran
en el aire como si a regañadientes
se dejasen vencer en su tonta caída.
¿Qué más decir? Me vienen palabras
repentinas, a medio vestir, para hablar
de la nieve: entereza, escalofríos,
paciencia, alimaña, sigilo,
desdoro…
                    Cargo la boca
con ellas. Espero algo, creo,
de la luz indecisa de esos nombres.
Ver de otro modo
esta sinfonía bárbara y temblorosa,
una hilatura delgada empastándose
sin ruido contra la vida del suelo. Desdoro,
vuelvo a decir,
y dejo el nombre quieto

bajo la rueda de la lengua, agazapado,
mientras sigue temblando este exceso
de gracia que avanza como una flota sobrevenida
y consigue, en su escaramuza,
conversar un instante con el aire.

La nieve. Su travesía perezosa. Sigue y sigue cayendo.

No sé qué hacer con ella. Morderla,
por ejemplo. Me sabe a lejanía.
Más tarde aún la miro, sosa y sucia
ya,

su rápida claudicación,
su blanca atrocidad estropeada
poniendo barro y fracaso entre las últimas cosas
del suelo.

Desdoro.

VIENE OTRO TIEMPO

Pongo el oído.
En las conversaciones arenosas se advierte
ahora el cambio de compás del mundo.
                                        Es un café
modesto, enquistado entre dos fachadas
que muestran la apoteosis de sus escaparates (y eso
empobrece aún más este local). Hay hombres que
   conversan, dicen
palabras tirantes, con peligro asomado
por las barandillas de sus sílabas.
                                        Dicen «negros»,
dicen «moros» y luego, encabritado ya
el lenguaje que los demás clientes dan
de paso, caen afirmaciones que encienden
como fósforos secos —a la primera— otros rostros
agitados por la desazón.
                                Esa mujer,
por ejemplo: deja un momento de lanzar
monedas al vientre de la máquina y se vuelve
y entra en la matanza verbal. «Nos revuelven
lo nuestro», dice. El bufido

de la máquina del café lo invade todo, impide
oírla bien; entonces ella sigue
insistiendo: «Que se larguen
por donde vinieron».
Por donde vinieron: un mar
encomendado a divinidades sin crédito
que poco, nada
pueden hacer por encalmar el viento,
por desmontar la furia de las olas
desmedidas como los sueños que los trajeron hasta aquí,
donde los esperaba el hierro caliente de los adjetivos
del desprecio.
Los hombres del bar siguen hablando
ya de otros asuntos.
La mujer
deja caer más monedas, una
tras otra,
con la desesperación contenida
de los que fían a un dios innominado
la roída sustancia de su vida.

LA CANCIÓN DEL ZAHORÍ

Como vasijas rotas, dispersas
sin dueño por el campo,
o huesos desmontados que la máquina
de pronto pone al aire.

Así he de recibir los nombres
para quedarme en ellos.

Pero no entre los brillos
de la facilidad.

Pero no.

Pero no en el galope desmandado
de las exhibiciones del oficio.

Pero no.

Pero no en la luz frontal de los excesos
(pero no)
que ciegan y van hacia la nada

si se les rasga
con el alambre muerto de la voz.

Pero no.

Que salgan mejor ellos al paso
(pero sí),
que nos pongan su golpe de amor,
inesperado,
en medio de la cara.

Pero sí.

Que su trato sea extraño,
que su vello esté húmedo,
que su entrega
se dé entre música sin sombra
antes de dejar gasto y solo gasto
en las traseras azotadas del revés del idioma.

Pero sí.
Pero sí.
Pero sí.

UTENSILIOS

Toda la paz del mundo cabe
de pronto en unas cuantas formas
deshabitadas del uso todavía.
Filos y vértices aún duermen.
                                        Es una colección fría
y estremecida de niebla. Entregada
a la inocencia hasta que lleguen manos
a empuñarlos. Son los utensilios. Me fijo
mucho en sus mangos a la medida
de la mano, tratan de desmentir lo crudo
de su apariencia
y poner un poco, un poco de alma viva
en el teatro desastroso de mi cocina.

Abro y cierro cajones. Los veo. Solo eso.
Saludo desde lejos la traza
de sus extrañas composturas, su participación
en las pequeñas matanzas
                                    (romper nueces,
sacar el corazón
                a las manzanas, rasgar

la piel rendida de un tomate),

luego apago la luz
y salgo sin estorbar
su apacible militancia. En su desuso
hay algo de advertencia: una oscura dimisión
contra la ferocidad.

Los utensilios. Nunca los toco.

BASTÓN

Es un bastón. El suyo. Ha venido
a parar aquí, un lugar
que aún no existía cuando él se fue.
Y eso lo hace todo
más extraño. Es como si el mundo
estuviera de pronto cosido
de otra manera: nuevos estambres,
nuevo recado de hilar
entre las cosas.
Y eso lo pone a él más lejos,
en un juego remoto de borrones perdidos.
Entonces aparece, irreal y brusco,
este bastón —el suyo—
sujeto entre dos ángulos de pared
como una novedad
pero que estaba antes que lo demás
en la vida, dejándose usar por sus manos,
capaces de empuñarlo
y luego frías
mientras iban de la duración a la quietud
como única solución blanca

y final.

Lo miro desde lejos y me salen preguntas
en los ojos: el número de pasos
que aún cabrán en sus anillos de madera seca,
las brozas impertinentes libradas
de las calles y aún pegadas
en la contera de caucho

y, también, si aún cuenta conmigo,
si me está esperando ahí como un pájaro
discreto y por ahora
sin dieta.
Paso junto a él y oigo, me parece
que lo oigo, un estertor.

¿Y qué atestigua?
¿O qué garantiza?

VENTISCA

¿La noche disolverá por fin tanto espesor
como contuvo el día?

Hubo ruidos silvestres en las traseras de la memoria
y no los quise oír.

Difícil, qué difícil cruzar sin miedo un parque
entre árboles que lloran.

Agachados, tres niños contemplaban hormigas,
su minuciosa necesidad de seguir siendo pobres.

Una ventana abierta: cómo puede sonar así Vivaldi.

Lo malo del verano es que jamás nos vemos las cáscaras
del aliento y no sabemos lo que nos arrepentimos de haber
dicho.

Te garantiza un par de años de vida
este aparato recién traído. A él,
no a ti.

Volver a leer a Perec, ¿me devolverá
alguna rama verde donde agarrarme sin chasquido?

Continúan los desahucios. Pero los grandes cuerpos
de letra en los periódicos son para un ciclista.

Ya no te veré nunca más.

En los autobuses públicos, las conversaciones saltan
de boca en boca entre dos baches.

Demasiadas fachadas, demasiados avisos
en el orden de una ciudad de cifras implantadas;
añoranza de aquellos descampados revueltos
del invierno: somieres alzados, plásticos boyantes,
juegos de desechos, maleza sorda y fría.

«Hazlo idéntico», le dice al aprendiz
el cristalero delante del escaparate de la farmacia,
donde se abalanzan anuncios salubres
(no fume, no tosa, no transija con el gusto
al cuerpo).

Y faros encendidos que van bajando
a la ciudad en la gula del sábado.

Ventisca de palabras extraviadas que vuelan

más allá de los moldes oscuros del pensamiento.

¿Disolverá otra vez la noche pública
tanta entereza?
(la entereza que no tiene este poema
sin apenas vértebras, sin apenas
alarmas verbales).

Balcón a la calle. Una mano recoge ropa seca
de última hora en el tendedero. Avergonzada ropa mínima,
cruje su efervescencia antes de desaparecer
inconfesable,

inconfesable
lo mismo que ese verso terminante
ahí metido a ciegas, entre carne
sobrante, entregado a las claras, lo único
que deseaba decirte en este poema.

VIAJE DE INVIERNO

Winterreise
Wilhelm Müller. Schubert

Es salir a la calle y ya está ahí
el frío, su manera escabrosa
de golpear la piel y las ventanas
cerradas con sus labios largos.
Se hace raro pasear entre solapas altas,
entre caras marcadas por la pesadumbre
de estos días irritantes, exactamente iguales
del invierno.
                        Pero no para ti,
que te acoges a él con el ansia
de esos animales que estrellan su canción
más allá de las llagas de horas mochas,
imperfectas y oscuras
como un panal sombrío tomado por la desilusión.

Por fin esta es tu temperatura, este es el color
que todavía recoges con los ojos en calma
y las manos dormidas, trastornadas
por el aire, sus serenas espinas y sus ácidos

repentinos, extraños.
Es el invierno,
su prontitud pequeña.
Defensa del frío. Calles
de poca monta donde termino
de ennoblecer las horas perdiéndolas,
antes de que las últimas mondas del día
me reclamen, me vengan a buscar
y a hacerme sitio
allí
donde la luz no cabe

para echar cuentas con otra intimidad.

ALMANAQUE DESCONCERTADO (I)

MERCADO DE ABASTOS

Aquella mañana en el mercado qué lluviosa. Aún
no la he olvidado. Y mi madre joven y alegre; iba
siempre con mi madre allí. Hacer la plaza, así se decía:

Voy a hacer la plaza.

De su mano es que se iba el peligro. El horrible ajetreo:
hombres cargados con muertos animales chorreantes,
baile de mandiles de hule sangriento, voces de piedra,
palabras excesivas estrelladas contra la ofuscación.
Bombillas como lágrimas fallidas temblando
sobre las carnicerías. El fulgor del carámbano en los ojos
espantados del pescado. Ceremoniales de la evisceración.
Y aquel techo, sobre todo aquel techo con tirantes
de hierro que daban frío y nunca se venían del todo encima.

En la gran báscula roja alguien pesaba siempre muñones
y cabezas y sacas con sustancias áridas

(gramos, onzas, balanzas, números ...
mi infancia qué poblada por la liturgia comercial
de las ponderaciones).

Mil novecientos sesenta y dos. Esa vez fue así también.
Solo que yo iba agarrado al asa de una bolsa, la bolsa
de rafia de mi madre. ¿Qué me podría pasar, entonces,
aunque yo estuviese tan cerca del cemento del suelo,
de los charcos grasientos que devolvían al mundo
una claridad impertinente?
Pero, de pronto, aquella voz distinta, inesperada:

Niño, suéltame, que yo no soy tu madre

Me había equivocado de asa, de bolsa, de madre.
Me quedé quieto bajo el peso de aquel mercado sin alma.
Una llamada, un nombre empezó a estirarse en mis labios
indefensos. ¡Lo que duró aquel descenso, aquella perdición
entre lo innumerable hasta que de improviso oí su voz!

Estaba aquí, hijo, te confundiste de bolsa

Me confundí de madre. Entre una bolsa y otra bolsa
supe para siempre lo que era caer en las aguas heladas
del desamparo. Unos segundos, unos cuantos segundos
nada más. De bolsa a bolsa. Pero fue suficiente. No pude
soportar a solas el aullido del mundo.

Nunca he podido olvidarlo.

Primera vez sin madre.

Así empezó todo.

DESPERFECTOS

A veces
aún me pasa. Se cruza
ante la cara una palabra que vuelve
la cabeza, se detiene y se queda
conmigo, me llena la hora
de su luz,
de la carne atendida de sus sílabas.

Esta palabra, por ejemplo: *desperfectos*.

La desmonto sin ruido
como una naranja en dos mitades vivas
y desiguales,
y son ya solo dos embarcaciones desamparadas,
hinchadas sus maderas de humedad verbal.
Solo ahora caigo
en esa suma extraña: *des*
y
perfectos.
Pero no hay conmoción ni certeza ninguna
en el hallazgo. No son los desperfectos

la espalda oscura de la perfección.
Al contrario,
brechas y desconchones, las ralladuras
del tiempo y su tiniebla
en la piel de las cosas ...

desperfectos, sí,

lecciones sumarísimas del uso,
de la desolación discreta que entre sus manos trae
inevitablemente
el acontecimiento de durar:
ese reloj que ha encallado en una hora perdida,
las tejas sueltas que gimen cada noche
como muchachas desveladas y frenéticas,
un zapato vencido
por la holgura o por los malos pasos ...

Desperfectos. Señales
numerosas de nuestra condición
intermedia
y desajustada:

criaturas entregadas al desgaste.

Eso somos. Tú, yo, todos.
Nada de permanencia. Nada
de ímpetu para seguir viviendo en la firmeza

a toda costa.
Más bien las cosas ceden
al laborioso empuje de las horas,
en su vigilia horrible saben más de nosotros
que nosotros
y nos avisan así,
con chasquidos y pequeñas novedades
en su aspecto lamentable, en su idioma oscuro

para recordarnos de continuo
una y otra vez
nuestra condición,
también,
de

des

perfectos.

UN PAÍS DE NOMBRES PROPIOS

Vives en él sin fe como quien vive desoyendo
y ha dejado de preguntar la hora
y consulta apenas calendarios con los ojos cerrados
para no cerciorarse de que la vida vuelve
a ser la misma cada vez.

Es un país de nombres repetidos,

tan dañinos…

Cada día, cada día te preguntas
por esos nombres propios: quiénes son, quiénes
deciden qué ha de ceder su puesto ya, caer
a lo más hondo de despensas invisibles;
y qué debe seguir reluciendo en los islotes
de la actualidad (locutores de voces
muy seguras, desaforados titulares, dictámenes ruidosos
que hacen saltar en pedazos el albor de la mañana …).
¿Quiénes? ¿Quiénes detrás?
Nunca lo sabes
bien. Y si piensas despacio y por lo bajo,

con la memoria larga y un tanto esclarecida,
si piensas de repente en este país
amarrado a costumbres y a nombres desdeñosos,
atacados de antigua acidez abominable,
entonces se te llena toda la boca
de ceniza, se oscurece más
la manera de recibir los himnos, las banderas,
las consignas ardientes que alguien nos echa encima
sin preguntar,
con esas jarras frías de apagar sueños
que se van pasando, sin ruido
y de mano en mano, hombres de apellidos muy usados
que vigilan el borde de las conversaciones
y dejan sus nombres propios volando como astros ásperos
que todo lo corrompen y terminan
reventando los labios abatidos
de quien oye y asiente y obedece.

ANTE UNAS PALABRAS SOBREVENIDAS

Vienen estas palabras
de lo profundo absorto de la noche.

Erizadas y antiguas, tienen púas
y una humedad violenta les da de cerca, las sostiene
en vilo, como a cuerpos mordientes
que de sí se asustaran.
                                        Y todas
se colocan por su cuenta,
como las aves en los cables del amanecer,
a esperarme, a esperar
en un golpe de gracia imprevisto
la comparecencia de un latido
que a duras penas encaja entre sus sílabas.

Es el alba. Se ordenan
en el mundo los quehaceres
de los hombres.
                                El tuyo es este:
desplegar los manteles atacados
por la luz del pasado, recibir

estas palabras que no pisan seguro,
darles algo de vida, darles algo
de confuso temblor

y apretarlas
para que brillen juntas
—un poco más, un poco menos—
en los bordes inseguros de un poema.

EXTENUACIÓN

Larga es la tarde y sus hirvientes itinerarios amarillos.
Y casi todo sobra en el corazón
del verano, suspendido de golpe
en medio de la vida, torvo
como el forastero que ha llegado
a detener una fiesta
y logra descolgar las reservas del cielo
hasta que a todo llegue el olor de las terminaciones.

Así ha venido agosto, una visita inapropiada
que remueve con fervor sucio, con betunes violentos
la sangre y las costumbres.

En la casa, entre ángulos contrarios,
conversaciones encogidas vuelan
sobre la claridad ya tostada del final de la tarde.
Por el aire
se van arrastrando esas palabras
que ya no caben en ningún idioma usado
con amor, más bien es el idioma
de los sueños tiroteados, de los deseos

puestos a secar ya en cualquier parte.
Un idioma maleado como un colchón barato
que se clava en el cuerpo
con sílabas erguidas, con respingo
de muelles y de espinas veloces.

Calor. La dejadez. De eso se trata: palabras y actos
exentos de sustancia, listos
para que los suceda el abandono.
Y todo termina en sí mismo
ahora, en el serrín secante de sus bordes.

Aún se estira la tarde, su final enhebrado
en las delegaciones últimas de la luz
sobre recalentados muebles, sobre vasos
vacíos que ya nos miran sin el plumaje helado
de la cerveza.

Pronto caerá la noche con sus frutas sin nombre.

Pegará
aún el último golpe de sol en la pared
contra los labios abiertos de los calendarios
también involucrados en el ritmo
de esta tarde de agosto,
cuando todo parece dar la espalda
a la incierta ventura de estar vivo.

A TODA COSTA

Palabras volando enloquecidas por las alcobas del corazón
MAX BLECHER

Dentro de ti pájaros rápidos, su voladura
extrema y desapacible.
De nuevo esa algarabía
de palabras que te frotan los músculos
del alma, que te ponen dibujos de niebla
en la memoria, te echan sal
por la piel y te provocan algo
con su desgarradura.
Qué hacer
con eso. No quieres
aceptar cuánto te cuesta entrar de pie
en ese idioma oblicuo y doloroso como lluvia que araña
todo lo destinado, a su pesar, a la obligación
de la humedad.

Pero mira: bajo la piel negra de la vida
también hay licores y sabiduría.
¿Sabías tú eso?: solo lo que un día vino a hacerte daño
puede llegar de nuevo a remediarte.

Así es. Así cae
de repente este fulgor engorroso y sin orden
de palabras ardiendo solas que te inundan la boca con dolor
y desconcierto,
hasta dar con la oscura certeza
de que no está la vida colgada del todo
en los actos correctos para entender el día
sino en este manotazo
que te derriba, que te saca
de quicio y abre paso, a toda costa,
a una música ambigua, tal vez
aún poco fina y muy desentendida
del mundo

pero que a ti te ocupa ese lugar
donde siempre cabrá lo incorrecto,
lo inútil,
lo impropio,
lo que ha temblado un poco
por no querer morir y queda vivo, empañado
de un último respeto a lo innombrable,

a eso que, para siempre, harás sitio
aun sin razón ni abecedario
suficiente.

Poesía.

POÉTICA DE LAS INMEDIACIONES

las cosas sin cifra ni denominación
MIGUEL MARINAS

Estima la mirada también
lo que solo se encierra, avergonzado,
en sus nombres.

El atardecer viene despacio,
golpeándolo todo con la cascarilla
de sus últimas luces maniatadas.
Y algo pide ahora salir
al aire, acoger
esa vida inmunda que terminó entre pactos
firmados en el idioma oscuro
de las claudicaciones.

Son los vestigios de lo desheredado.

Así que allá voy, en busca de lo árido,
un mundo impresentable —pero no para mí—
de cunetas y alrededores turbios
donde prosperan, como pequeñas encrespaciones,

flores sin responsabilidad junto a objetos vencidos,

lo que el uso arrojó
en cuanto al auge de la utilidad
siguió el desdoro.

Y una vez más, de cara
al vértigo de lo desechado,
entono cánticos sobre la desatención,
espero algo
de esta población desolada
que limita con la vergüenza, que limita
con los últimos ángulos de lo inaceptable

hasta que la voz
le da de plano y consigue arrancar
un resplandor oscuro y montaraz
de tanto como ahí, quieto y fallido,
vigila con aliento entrecortado
la herida interminable de la ciudad.

Siempre cantaré cerca de lo innombrable,
cerca del hospedaje impuro de estos alrededores
donde ha llegado, tras el chasquido de lo inservible,
una melodía que a todo lo encamina
hacia otro alojamiento.

DÍA POR DÍA

Uno tras otro. Faros. Mansedumbre
de coches. Bajan a la ciudad cada mañana
a someterse a un ruido sucio de relojes
y al súbito sabor de los abusos
en la rapacidad de los contratos.
Tú ya estabas ahí, los esperabas
despierto y alentando en lo oscuro, registrando
el latido del alba, los crujidos primeros
del mundo, que parece no conmover nada
a esa fila de ruedas sigilosas
manejadas por quienes vienen del sueño y sus relámpagos
y van a entrar así,
día por día,
en la luz laboral de otra mañana,
entre canciones desencadenadas
para apagar el peso de invisibles martillos oscuros,
achuchones en el alma que logran infligir
horarios extendidos y vigilancias ásperas.

ALMANAQUE DESCONCERTADO (II)

TODAVÍA NO

Esos hechos enclavijados en los hilos de nuestra memoria
y que no se van, no se irán ya nunca junto a ciertos
números de teléfono empedernidos y ciertos nombres
de calles y el olor intraducible y levantisco
de algunas ropas de nuestra juventud.
Era 1969. En medio de la ciudad un colegio encallado,
una llaga infectada y sutil donde podrían caber
todas las versiones del espanto. Trabajos Manuales, así
se llamaba entonces lo que hacíamos en aquella clase
(y aún puedo decir el nombre de la profesora:
una muchacha menuda y decidida, así la recuerdo, anclada
en una hermosura juvenil que, sin duda, ya no le asiste).
Fue todo tan rápido. Como la aceleración de algunos sueños
que nos arrastran tras ellos a lugares no pedidos.
Así fue todo:

el compañero de pupitre alzándose
mi ocurrencia de poner en su asiento el tubo abierto
de pegamento
volver a sentarse de golpe él

la masa blancuzca disparada contra la cara
del muchacho de atrás (Ricardo Luis ya no está
entre nosotros)
el pegote
el grito
el susto general
y risotadas luego.

Vete de clase ahora mismo.

Y salí. Desde entonces salía todos los martes. Al pasillo.

Durante un mes o más sucedía eso:

cuando hacía la ronda, aquel cura (otro nombre
que no se me ha olvidado, no podría) iba haciendo sonar
su sinfonía de bofetadas a todos los expulsados del edén
de las aulas. Dos a cada cual (poníamos la otra mejilla).
Esa era su misión. El aula y el pasillo: una pequeña alegoría
del paraíso y el infierno. Al menos no eran caricias, pienso
ahora, eran otros trabajos manuales, una pedagogía iracunda
que tenía que ver con el ensañamiento. Y siempre era igual:
él se ponía a mi altura, iba llegando lentamente,
    apaciblemente,
casi contoneándose, con la mano empozada en su corta
cazadora azul. Y yo, ¿qué hacía cada vez? Me quitaba ya
las gafas para recibir aquella comunión semanal y sonora.
Pero él me detenía en seco con un gesto:

Todavía no

me decía poniendo regusto en sus ojos orientales, clavados
en mí como dos alfileres que prometían de todo
menos la compasión que él predicaba cuando actuaba
con gimnasia de gestos y disfraces llenos de exageración
diaria ante nosotros.

Todavía no. Eso me decía.
Y se iba en pos de otras almas condenadas.
Yo permanecía así todo un rato, una versión más
de la eternidad, hasta ver aparecer de nuevo
su majestad oscura al fondo del pasillo. A cumplir
con su función. O no. Todavía no.

Todavía no. Esas palabras suyas
quedaban aleteando sobre mi corazón,
como el rumor de un avispero que no se decide
a caernos por fin encima.

Todavía no.

Vino luego la vida con sus fermentos y sus maquinaciones.
Y antes de que sus sombras golpeasen también
nuestras cabezas (como aquel pegamento desdichado),
siempre experimentamos la desazón y el alivio
de esa tregua punzante, esa posibilidad de establecer

pequeños pactos ilusorios con el mundo (*Todavía no*)
y retrasar la bofetada negra y segura que luego vendrá, fijo
que vendrá, con la siniestra impuntualidad de aquello
que no esperábamos porque creíamos que ya para siempre
se había olvidado de nosotros

hasta que lo acechante volvía a pasar —siempre vuelve—
ante cada cual para quedarse. Lo mismo que aquel cura.

Él ya me lo había advertido:

Todavía no.

NIÑO ENTERO QUE MIRO

Aún no alcanzas
a ver lo que verás un día:
un pequeño cordero zarandeado,
balbuceando sin rumbo por las calles
de tu corazón.
Y no, tampoco sabes aún ponerte lejos
de las cosas, que acuden a sus nombres
cuando estallan en tu boca llena de verdad,
sin el aroma sucio de las decepciones.
Cuando el alma te arrime a palabras oscuras,
cuando caigan sobre ti revelaciones
dolorosas y alguien te deje dentro
la sombra enorme de un manotazo
sin aviso,
quisiera yo estar cerca otra vez,
defender como ahora los brillos
de tu vida, atajando
con mis manos grietas y heridas rápidas
para que nunca vaya a marchitarse
la enteriza alegría de estar en pie
tú precisamente,

tú que mejoras el mundo
solo porque estás vivo.

METEORO

Un nombre pasa ardiendo
en medio de la noche.
Un galope de caballos heridos por sorpresa.

Sobre el corazón caen
frutas rojas

y pañuelos sin calma,
arrollados por todos los adioses.

TODO LO QUE ÉL PODÍA LLEVAR

(Tomás Salvador González)

¿Ni un triste óbolo con que pagar
al barquero si se acerca?
PHILIPPE JACOTTET

en los bolsillos solo algunas hierbas
y unos cuantos botones
muy gastados,
mordidos por el uso

¿así fuiste a cruzar ese día? ¿sin saldo ni defensas
en las manos?

quiero imaginarlo

era mayo
¿aún sabías canciones de resurrección? ¿las oíste
otra vez levantarse
y salir de tu memoria
despertando de lejos la boca de los niños?

al menos
eso pudiste llevar contigo al viaje:
un cargamento de pequeñas decisiones
—quién sabe si algo más:
miguitas de pan quieto, monedas sonámbulas, cabos
de lápices—
y un silbato frutal
de hueso
para convocar tú a quien ya te esperaba
con la primera merienda
al otro lado

en el confín

yo sé oler los sueños, eso dirías también allí
con tu voz de licores oscuros
para salvar la última aduana, la de la nada

(igual nos dijiste una vez en Galicia,
en aquel viaje de juventud sin cáscaras
y de pensiones húmedas)

y luego
abrirías tus manos para pasar,
enseñarías
lo simple y lo indefenso

todas tus pertenencias

esto es lo que me nombra, algo así dejarías
de recado final

te fuiste solo,
ninguno te sentimos salir aquel día último,
lograste evitar los ademanes de las despedidas,
solo el chapoteo de los remos estrellados
contra esa agua de la vida, el agua
donde quedó flotando para siempre
la clara menudencia de tu caligrafía,
un alfabeto blanco que nadie más conoce

sémola mínima

COMPORTAMIENTO DE LOS HUESOS

a Jorge Praga

Dejan, de pronto, de ser afectuosos. Se llenan
de desazón con la humedad
(o es otra cosa: la oscura
biología, encabritada y revuelta como una tropa
de caballos justo antes de la tormenta)

y se erizan igual que astros nerviosos
en cielos del verano.
Ingratitudes
primeras del cuerpo. Himnos desafinados
que vienen a recordarnos el resplandor elástico
de nuestra juventud: oro molido
a palos ya por el fragor de algo
que nos va atravesando, dentelladas
pequeñas que nos retiran
a la penumbra de las insolvencias
entre muebles también torcidos, que crujen con nosotros
para ocupar juntos la noche y sus versiones
del malestar.

¿De qué avisan los huesos? Tal vez
suenan sus timbres sordos como sirenas
de una fábrica llamando al abandono
al final de la tarde.
O tal vez sea
una advertencia amistosa: ponte en guardia
ya (algo así), escucha la vida
que empieza a saber a caña muerta…

Algo así, sí, un recado a tiempo,
como en aquellos juegos de niñez
llenos de palabras sofocadas y de numeraciones que caían
a plomo sobre nuestro corazón

y ahí quedaba para siempre su sombra, su peso
muerto que nos acompañaría más adelante,
cuando sonaran los primeros estallidos de la edad
como suena ahora esta indómita multitud que maúlla:
un asedio desatado de huesos
intranquilos.

LOS DESENTENDIMIENTOS

Dejar de perseguir —como un aliento
al que nunca llegas— la extraña velocidad
de cuanto ocurre dentro de cada día:

las noticias, con su piel repetida
de viento cansado; el estado macilento
de la casa (desperfectos pequeños, pasillos
tomados por esos lazos oscuros
donde el polvo ha cuajado en mariposas
sin rumbo); recados aún pendientes; el cuerpo
y sus graznidos; la cola en el banco, con el olor
sangriento de esos anuncios iluminados por el ímpetu
del dinero; los sollozos de una planta
doméstica tomada por el descuido,
el aullido helado de la dejadez …

Son los desentendimientos, van llegando
a alejarte por fin de casi todo. Buscas
entonces a qué atender, de qué
estar cerca mientras, a sí mismas,
alegres y sin causa en su vuelo raso

se van sucediendo
con fervor trasero
las últimas travesuras de la vida.

DISCRETA

Oki

Llora sin avidez:

ha buscado en sigilo
las afueras del mundo

y llora allí muy quieta
de ese modo en que se quedan paradas
las criaturas sorprendidas.

Y no,
no enseña su herida nunca. Nadie
la roza.
Nadie
la pesa de cerca.
No suena
esa herida. No quema a nadie
más,
solo hace nido y escombros
en sus ojos…

Sobre la mesa
el orden de las cosas se desploma,
se hace sitio
bajo manteles confusos
donde hay trámites de lágrimas caldosas
y ruidos de cifras y de nombres caídos.

Pero ella termina de comer, dobla
las molestias,
                    las guarda
con cuidado donde no llega
el estrépito del dolor.

Llora llena de calma,
de obediencia lluviosa
                              y basta.

ALMANAQUE DESCONCERTADO (III)

ANA BLANDIANA Y UNA MUJER DEL BARRIO DE SAN LÁZARO

a Natalia Carbajosa

Fue un acto lleno de vapor, tripulado a duras penas
por la fragilidad. La librería pequeña. Sillas insuficientes.
Y ese espesor que logra el olor arenoso de los libros
atosigados en los anaqueles. Luego, la voz de la poeta.
Esa voz ¿de dónde venía?… Una voz despachada con sigilo,
como el aire que se cuela en invierno bajo las tripas
de las puertas. Así leía ella, entregando todas las palabras
una por una, metiéndolas a cucharadas en la boca
de quienes escuchábamos a tientas su dulce lengua
sin recodos. Casi comestibles, brillaban, brillaban
un momento las palabras como monedas
que ya han paseado lo suyo por mercados, por muelles,
por fraguas y lonjas, por ciudades mojadas
donde la lluvia ha batido el empedrado de calles desiertas
por el miedo a disentir. Así sonaba la voz de Ana Blandiana

(Mi voz ininteligible
Alegra a los que la escuchan,
Aunque no la entiendan),

por ver si una presencia, que ella amó, saliera a encender
otra vez el universo. Me llegaba así ese oleaje desprevenido
de su voz, como quien arrea la oscura ganadería del dolor
hacia ángulos muertos.

Y todo era muy leve por no ofender el trajín del mundo.

Pero tal vez era otra cosa.

Yo venía conmovido de un encuentro. El autobús urbano.
Una mujer regresa del cementerio. Su último hijo ha muerto.
Antes, otras muertes: ya estoy sola del todo, me dijo
sollozando a mí, que no la conocía. Crucé con ella palabras
secas de ánimo como palos que chascan y solo dan que ruido.
Todo en torno se iba haciendo muy pequeño: los letreros
parpadeantes, los arañazos del motor, las desmenuzadas
conversaciones de los otros pasajeros ...
Pero qué podía tener sentido delante de aquel rostro
donde tanto había escarbado la pena con sus manos
de arcilla sucia. De pronto se levantó. Aquí me bajo, dijo.
Y seguía llorando con letras minúsculas. La acaricié como supe.
El autobús arrancó.

La vi alejarse.
Para siempre.
Adiós.

Pero seguía en mí. Escondida por los arbustos de mi corazón,
entró conmigo en la librería donde esperaba Ana Blandiana.
Y las palabras que ahora goteaban desde esa voz de alambre
dulce que interpelaba a los muertos

(*¿Vosotros también tenéis estaciones?*)

eran aquellas mismas de la mujer reventada por el desconsuelo.
Era ella la que exigía por otra boca, con palabras cometidas
en una lengua extraña, que el tiempo fuese un baile de horas
inversas, que los muebles volviesen a sus lugares de antes,
que cayesen de nuevo nombres propios en huecos
que aparecieron cuando ellos se fueron para siempre.

Y yo veía sujetar a duras penas las palabras que salían
como insectos exhaustos de la boca de Ana Blandiana,
pero era otra mujer que tampoco cabía en el tamaño amarillo
del dolor la que las estaba sacando de su corazón, las ponía
a enfriar una por una sobre las manos abiertas
de quienes estábamos allí cuidando la mañana,

defendiéndola de toda duración, de toda lejanía
que pudiera separarnos de cuanto ahí estaba ocurriendo.
Eso es lo que veía yo: el fulgor de dos mujeres ajenas,
atravesadas por el desaliento, que nunca se conocerán,
nunca sabrán que una vez compartieron el mismo idioma,
el idioma de las desapariciones, antes de un intercambio
que volvería a dejarlas —y quién sabe a cuál de ellas—
a una en un patio de Timisoara, entre luces hartas y charcos
de aceite oscuro; a otra, con el alma mordisqueada,
en el barrio de San Lázaro, en una casa donde cada tarde
va a encerrarse a no saber del mundo, entre somieres
que nadie necesita ya. Ambas son la misma. Miden el dolor
entre las manos y no les cabe, como un puñado de uvas
insoportables.

Salvo escucharlas, ¿qué podemos hacer?
Solo eso: pesar la pena como se pesan lágrimas; palpar
sin dedos su rostro: un jardín sollozado; recoger suavemente
la última luz de las palabras oídas

(*Frunze, cuvinte, lacrimi*).

Y nadie, nadie podría hacer nada más por ellas
ni en los tumultos de las estaciones
ni en el sopor vegetal de los bosques del verano
ni en la melancolía de las lavanderías nocturnas
ni, mucho menos, en el olor a sangre suelta que nos persigue
cuando abandonamos a toda prisa los mataderos.

ANATOMÍA DE UN ADIÓS

Tardío, salir por una puerta
al exterior
(por detrás justo, por donde entran
los sueños prohibidos).
Te acogerá
la noche con sus calles impuras. Sombras
y guijarros comprobarán el compás descompuesto
de tu andar a toda costa.

Así te alejarás.
Para siempre un cuerpo
quedó atrás, su oro desnudo
que tanto te cegara ahora se queda
pesando su quietud. Aún consigue brillar
en lo oscuro. ¿No lo ves? Se asoma
al último postigo, al último
convite de la vida para verte marchar
entre los ramos del frío
mientras te vas haciendo más turbio y diminuto,
caminito de la muerte.

LOS CUATRO POEMAS DE 2020

PANDEMIA

Y no estaría tan mal, qué va, terminar todo aquí.
El mundo, mal cuajado como una malograda
bechamel, detenido de pronto
en todo lo alto, igual que un gran reloj
parado para siempre.

Sefiní. Chao. Di End. Adiós, muchachos.

Y lo siento. Lo sentiría
por los perros, tan resueltos cada mañana
a la estampida de la alegría. Y por los enamorados,
que se quedan sin manos donde envolverse
dulcemente. Y también por los ojos sin trampa
de los niños y por las criaturas
del fervor (esos pájaros de temblor
vivaracho, esos insectos atareados sin pudor en vigilar
lo invisible, como los poetas).
Por poco más lo siento.
                                        Irse de golpe todo, terminar
de una vez con el dolor y la desesperanza

de la mayor parte de mis semejantes.
O, al menos, irme yo, saltar
al otro lado
ahora que todos están distraídos
palpándose las ropas, comprobando el alcance
de su respiración. Entretenidos
en demostrarse unos a otros
que aún dominan el asunto de estar vivos
y pueden volver un día, cualquier día,
a la costumbre y a la facilidad
de justificar la mampostería de su existencia.

Estaría bien. Levantarme, pedir
permiso y salir a oscuras procurando
no rozar las rodillas a nadie, como quien se marcha
de la sala a ciegas en mitad de una película,
ahora que esto se ha puesto así,
tan oscuro de porvenir,
ahora que el mundo es un lugar extraño
y sin caricias, lleno
de música desafinada,

ahora que nadie tiene labios y la risa (¡ay,
la contagiosa risa!)
se disuelve entre extrañas muecas voluminosas

y crecen peliagudos los relatos del fin

y se niega a sonar el pulso de los niños

y todos nos amontonamos en las habitaciones

y nada me va a ayudar a llegar
hasta ti.

CANCIÓN DE ÁNIMO

No te vengas abajo, corazón.
Tú nada has de saber de esos pozos
nocturnos que llenan de trallazos
el alma de las cosas.
                                        Ánimo, ánimo,
sigue, mi pequeño cordero maniatado,
sigue adelante, álzate ahora y busca
pasto aunque sea entre las zarzas últimas
del día
y no hagas caso nunca
de ese sabor a lágrimas,
a pescados oscuros
que el aire arrastra hasta los callejones
donde hombres abandonados tiran sus ropas
a la cal, llenas de pesadumbre
y aún con restos hirvientes del amor.

Ahora tú alza la cara, alza
la voz
y canta sin crujidos,
corazón mío,
suelta tus huevas blancas otra vez
y aguanta el oído contra el mundo

aunque oigas solo, ahí, el jadeo asustado
que a todos nos retiene
en la espesura atroz de nuestros domicilios.

HIMNO DE LOS ADVERBIOS TURBIOS

saltaron los alambres donde se asentaban
todas las palabras de la felicidad

bocas incautas podían seguirlas pronunciando
pero ya se habían desconchado
sus fachadas de sílabas

de repente

golpe
y porrazo

también el hueso firme de las extensiones
dejó de distinguirse y nadie sabe ahora
qué dice cuando dice:
        cerca
                lejos
        aquí
                allí

bajo la piel de los adverbios
las láminas de la exactitud no nos esperan ya,
no nos revelan nada:
        dentro
                fuera

gramática nefasta

desdentados y sin constancia,
los nombres ya no nos pertenecen
en este tiempo molido
por las incertidumbres y los decretos:
        nunca
                jamás
        tampoco
                acaso

su médula cansada tiende al frío
o a la belleza oscura de la desolación

solo entra a los oídos un rumor
de húmedos paños brutos
y todos repetimos, sin acierto
y con la voz prestada —como el coro
arrugado de aquellos niños: «mil veces ciento,
cien mil ... »—, el himno del deseo
que nadie nos había enseñado
en las escuelas
para, al menos, detener un poco más
en las honduras suburbiales del corazón

el fervor ciego de vivir

ESPECIE DE PLEGARIA

Puerta entreabierta. Boca
indecisa.
                    Quédese así
todo, a punto
de no ser,
y ven, ven tú
a verme,
pasa, venga, adelante, visítame
y mójame otra vez con tu lengua de fuego,
pon ante mí tus palmas, ábrelas

y haz brillar tus monedas
esquivas.
Lo que sea. Lo que sea.
Cuanto tú hagas, agasajo será. Incluso
volver la cara rehusando este hospedaje tardío.

Aun para negarme, acude pronto tú.

Te lo suplico en este tiempo
de sollozos menudos.
Sobrevuelan el aire infecciones calladas
y los desapacibles animales del espanto.
Y cae música brusca de los balcones en el atardecer.
Todo aspira a lo unánime
cuando justo a mi cuerpo ha llegado
un batido de sombras

y el alma va tan ciega, tan a solas
y a la deriva,
golpeándose en los lados de las cosas …

En este tiempo de hebras oscuras, tiempo
sin voz suya
y emborronados mucho los deseos,
tú ampárame,
al menos que seas tú,

poesía.

DESVELADO

Bajo la médula de la noche
un cuerpo cae
y
cae
entre metales soñolientos y músculos
inversos.
Sin dar señales, sin hacer ruido,
traza como sonda ciega un encaminamiento que atraviesa
entre fugaces guarniciones
el alma oscura de las cosas.
Y luego emerge con las cáscaras primeras
del despertar, entregando al mundo
una conciencia confusa y sin orden
todavía.

Es el desvelo, su hora rotunda
que nos lleva del brazo
hacia esa última destitución del sueño,
allá donde otra respiración
nos espera entre vislumbres de rostros
que se ocultan, que dejan extraños saludos naturales

y preguntan con nombres equivocados
por ese que dormía hasta hace poco
con la carne quieta y un poco de exilio
entre los dientes,
ese que ahora no sabe dar cuentas del otro
que era antes,
y solo acierta a restregarse el alma
contra el revés del tiempo

mientras la noche dura y un espeso puré de sombras
incita a confundir lo que fue verdad,
lo que fue deseo,
lo que encargó con sus itinerarios feroces
la extraña corpulencia de la imaginación.

EXIGUA

Noviembre. Oscurecer. Inofensivas
las cosas ya.
                                        Las cámaras heladas
de la tarde dan paso a una cita
con lo oscuro del mundo.
                                                            Profundos patios húmedos.
Jardines azotados por la pequeña devastación
de la anochecida.
                                                Todo se va ahora,
derramado y exhausto,
hacia un confín de ángulos adversos.

Pero mira. Una grieta de luz
salta todavía sobre el aliento indeciso
de la noche.
Exigua y temblorosa, su dentellada
de plata ilumina
la vida atardecida de los seres.
¿Lo ves?
Aunque la sombra espinosa de los años
vaya cayendo sobre todo lo tuyo,

viene un golpe de luz, exigua y rota,
a ayudarte por última vez a poner oro
sobre tus cicatrices, sobre los tejidos
cansados de tu cuerpo, sobre costras y pérdidas,
sobre el peso de los primeros nombres desplomados.

SITIOS DONDE CABE TU CORAZÓN

En las esquinas rotas de las uñas.
En esas pequeñas dunas que hacen los pliegues vivos
de las orejas.
En el filo de las monedas despreciadas sobre los
mostradores.
En el ojo solar de los imperdibles
y en el último sorbo que pone el atardecer
sobre una copa más de vino.
Entre las lágrimas de los desposeídos de Lesbos
y estirado sobre la lengua inapropiada de los niños.
Bajo las minas de lapiceros que no saben de números
y ajustado a la piel de las frutas cesadas.
En todo eso cabe él. Ahí lo veo
con la voz de plata y la seda sin trampa de su nombre.
Ni siquiera la nieve será tan menuda
cuando caiga con su sigilo blanco
sobre todas las cabezas del invierno.

ALMANAQUE DESCONCERTADO (IV)

RATOS PERDIDOS

Habría que saberlo: cómo llegaron, por qué pesaban tanto
sus aristas muertas. Hasta tocar el forro más oscuro
del desaliento. Afincados en algún lugar de la memoria,
duran aún esos ratos perdidos, su recuerdo, con el dulzor
atrasado de una fruta cada vez más mordisqueada
pero que deja latido y fiebre en el orden del pasado.

Tardes largas aquellas y enquistadas de sopor. Luego
caía la noche. Ante mí la llamada entre dientes del final
de la infancia. Los astros del verano en el timbal del cielo,
bamboleándose como pequeñas confidencias. Y yo
tumbado contra aquellas tramas misteriosas, desbocado
el aliento y con la certeza de que algo en mí se sobreponía
siempre a las conversaciones prácticas de los mayores,
todavía más lejanas que aquellos cuerpos brillantes
con su parpadeo glacial. Lo irreal allá arriba tenía masa
y duración incluso más allá de su existencia.
Eso me perturbaba.
De ese mismo modo, ¿pudiera ser que, al alcanzarlas,
todas las fijezas se deshicieran entre los dedos

como mantecas muertas? ¿Y si solo lo inerte me escuchase?
Fue la primera vez. Un mareo veloz. Una intuición,
la intuición desbordada de que la realidad no me asistiría
nunca, de que debía entregarme a ciegas a aquel colapso
celeste que me atropellaba, me alejaba de ciertos dictámenes
que se me daban para ponerme a vivir tal como otros sabían.
Aquella luz arisca de astros afligidos me hizo a menudo
llorar a escondidas, más allá de palabras de corteza nebulosa
que yo oía y nunca quise dejar entrar en mi corazón.
Se trataba de aprender a vivir entre lo propio acumulado.
Gramática harta de consejos. Yo no comprendía nada.
Me hacía daño. Y todo lejos de mí, igual que aquellos astros.

Hubo más. Más ratos muertos. Venían a por mí
como el miembro perdido busca al muñón de nuevo.

Tardes de tienda quieta y locura numeral. Los entresijos
de aquella vida estirada entre saldos que siempre paraban
en una desolación mercantil. Y yo de nuevo mirando
de lejos la milicia menuda de las muestras
con sus nombres cubiertos de oscura ambigüedad

remaches, leznas, protectores, cáñamo

que me salvaban, esos nombres claro que me salvaban
con la resonancia repentina de su existencia allí, desafiando
el otro reino, el previsible y seguro, de las numeraciones.
A media voz yo los decía, me agarraba al fulgor de sus sílabas

para no caer desarbolado por el ímpetu de tanta transacción
que allí había, en el local demasiado pisoteado por el pasado
y con filamentos de polvo en el aire, como pájaros secos
que a duras penas flotan, mientras yo deshacía los nudos
de la tarde entre las manos ante nombres sin dueño.

Así perdí yo ratos. Así gané mi vida.

Y hubo otros y otros
que me fueron dejando revelaciones cuando entraba
en ellos como en un golfo herido por la desorientación.
Ratos perdidos. Cuando el alma encalla para siempre
—o eso parecía entonces— y se niega a acoger los asuntos
amontonados a la vista por los hombres que más saben.
A ellos me atengo ahora, a esos ratos en que salí del mundo
por troneras insólitas. Me perdí. Nunca volví del todo.

Ratos perdidos, sí. Cada vez más lograron
llevarme limpio a unas afueras sin patria ni consignas
ni firmezas y allá abrazar tan solo la alegre extrañeza
de estar vivo, derogar planes previstos para mí, apartar
los discursos impecables, sin una sola arruga,
sustituidos para siempre por la piel, cariada y con residuos
vergonzosos, de un poema.

EL QUE MENOS SABE

Nunca supe negociar.

Viví entre patadas en ciudades de nombres casi largos,
tomados por el desagrado.
                                        No me acostumbré
a su oscuro resplandor, siempre me fui
a otro lado con la respiración encabritada.

También me fui de todos los lugares
donde había amos, donde la seriedad
esperaba a los niños al final de la tarde

pero perdí la gracia de no dar por cierto
que la vida solo se revelaba
en los alejamientos y en las pérdidas.

Soy el que menos sabe. Todos me adelantaban.
Vivo de preguntar. Ignoro
el peso azul de los relámpagos
y la intimidación de las brújulas.
Bajo la carne de las cosas pongo palabras pálidas

y espero.
            Eso es lo mío.
                        Esperar
el atropello silencioso del tiempo, verlo pasar
con suministros helados, con adjetivos veloces
y hacer algo por detenerlo, un gesto
o una bola de lágrimas.

Soy el que menos sabe. Solo conozco
a las cosas por su nombre.

Qué oficio extraño este.
Te acusan de tocar sin dedos limpios a las palabras
peligrosas, sacarlas de la fila y ponerlas
a hervir fuera de sitio.
Te llevan maniatado por los distritos de la melancolía.
Te escuchan todos con oídos sellados.
Te suben a cadalsos. Confunden lo que dices.

Te aplauden por llorar.

SIEMPRE LA VERÉ ASÍ

Celeste…

La iban acompañando los colores
bruscos del otoño
y las frutas interrumpidas.
Y la escolta desgarrada de esos pájaros
que pían con desconsuelo último
entre los nervios más altos de los árboles.
Y el alma de los libros que leyó
y el hueso de las últimas canciones
que ella sacó del mundo.
Todo se iba con ella, la iba llevando
adonde la llevaba también el empujón
celeste
de su nombre.

TERRITORIO

Entra todos los días en contacto con la grandeza
I. Kertész

La patria que me importa:
la luz encasquillada de un limón abierto
en la cocina de una casa,
desafiando el plomo del atardecer;
la espuma detenida
en el corazón del pan reciente;
el silbido vidrioso del aire
entrando a trompicones por los descuidos
de las rendijas ...

Conversaciones con la cercanía

y poco más,
nada de himnos flotando sobresaltados
entre palabras acampadas a orillas
de las exageraciones.

No me esperéis allí; no me esperéis en eso.

Triste señorío triste
el de los prestigios.

Mi patria, la única patria
que me importa
tiene la escasa estatura de lo inadvertido
y cabe en el relámpago de los parpadeos

pero cada día me espera su munición,
su taconazo sigiloso
para llevarme a un mundo donde aguarda
lo que sabe vivir a solas
y sin ruido,

baile de cuerpos quietos,
respeto a lo encogido, inversa explicitud
de la grandeza.

A SU DEBIDO TIEMPO

De aquel desorden de la dicha, ¿quién se acuerda
ya?

Tiempo de potros y pájaros, de ventanas
abiertas como llagas risueñas.
                                                            Cada día
alguno preguntaba por el verano
y el cuerpo, húmedo de juventud, sabía ir a buscarlo
hasta dar con abejas en esquinas sin nombre.

No sabíamos apretarnos contra el pasado. Más bien
apostábamos por lo desprevenido: uvas
en el bolsillo, risas sin porqué, noches atravesadas
por jabalinas que las descomponían …

Y todo eran vísperas y todo relaciones
ávidas.

Nos venía a buscar la despreocupación,
sobre nuestras cabezas caía
un cuchicheo de cristales: el ruido

de lo no apalabrado con la seriedad

todavía.

Y eso bastaba. Entonces. A su debido tiempo.

NOMBRADA ESPERANZA

Usaba tu nombre inevitable
en lugar de otros,
como quien sabía hablar a solas
ante la puerta de una jaula vacía.

No sé qué quedará
de aquel trato a ciegas con puñados
de nieve, con banderas heladas;
si acaso, el rastro
de un gemido, la luz indecisa
del sol frío sobre un jardín de invierno.

Luego te oculté en lo oscuro
de armarios donde sueñan
ropas adversas y lozas sin destino

pero ahora vuelvo a ti,
vuelvo a buscarte más allá de nombres
reventados ya por el olvido,
muy removidos, reemplazados de nuevo
por el tuyo,

madre delgada y húmeda,
única forma de tocar aún con dedos vivos
los días irrespirables,
su pelaje áspero igual que un perro mojado
por la desolación.

Saco chorreante tu nombre entero de la boca.

Te necesito.

Nombrada esperanza.

ANTE UNA VENTANA DE FEBRERO

Gira aún la noche cargada
de astros unánimes. La oscura
pulcritud del cielo es desmentida
por cuanto brilla en él
como un batido de lágrimas lloradas
por el mundo.
El mundo, el mundo: un perro
apaleado por turnos
en las esquinas más nubladas de los mapas.
Resistir. Ahora es resistir. La cabeza apoyada
contra el cristal tan frío
mientras vuelve entre espasmos el amanecer.
Resistir, abordar por entero
la dimensión horrible de la Historia
en esta hora de semillas negras, de serpientes
que han de colarse con dulzura atroz
por las rendijas encendidas
de nuestros sueños. La música híbrida
de las perturbaciones está ocupando el aire
de oscuridad y hierro.
                    Y tú miras

la clara carretera del norte, enfrente
y sola. Harías un equipaje
desbaratado: ropas y líquidos soñolientos,
un lote de tripas revueltas
como tu alma; escaparías
sin ruido (el norte, el norte)
remontando del revés el curso de los ríos,
deshaciendo las leyes del tiempo y sus heridas
alcanzadas por la fijeza irremediable
de lo que ya nunca podrá subsanarse.
Hacia atrás,
hacia atrás ir abriendo las costuras de la luz
para llegar ahí, ahora que solo se oyen voces
de melaza oscura por todas partes.
Suena la guerra en los labios de Europa.
Tú sigues enfriando tu cabeza
contra el cristal de una ventana.
Resistir. Es febrero. Tiembla un poco ya el día. Huir
de aquí. El paso del alba te abre el camino del deseo,
y de pronto todo deja de ponerse del color de los nombres
un día abandonados.

ALMANAQUE DESCONCERTADO (V)

EL ESMERO

Era un plato, un plato lleno hasta arriba de sopa
y había que atravesar cada noche los flecos del frío
de una cocina, poner esmero en los pasos, subir así
una escalera, agarrada la vida a los caldosos bordes
rebosantes, sin dejar de mirar fijamente el temblor
amarillento y llegar al comedor donde ya estaban todos.

Luego, años más tarde, en la tienda sombría
vi ese mismo temblor en frascos donde dejábamos caer
a pulso el espíritu espeso de lo que llamábamos *disolución,*
un líquido de alma verdosa y soñolienta, la misma
de algunas obsesiones que nos dejaban ya entonces así,
maniatados y absortos como príncipes desconcertados
bajo la misma niebla impura de ciertos sueños
tomados por la inmensidad.

El plato, los frascos ... Esmero y tino
para esas dos operaciones. ¿O es que era la misma?:
poner cuidado para desmarcar de la vida esas sustancias
y que nunca lo demasiado real les haga daño.

Después fueron empresas más difíciles: cuerpos dulces,
nerviosos, atascados en golfos desconocidos, estrellados
contra los himnos rotos de la noche. Y en ellos también
el esmero, sus tentáculos indecisos sobre el hervor
de una piel escurridiza y alegre.

Y hubo también palabras que apenas se dejaban atrapar
al vuelo hasta que una mano llegaba a posarlas con amor
y riesgo en el cielo del orden —este otro orden— del poema.

Pero siempre el esmero. Sopa, frascos, cuerpos, palabras.
Siempre el esmero: ese modo de estar en lo otro, atenderlo
hasta dejarse rozar uno mismo por la desaparición. Algo así
debería ser la muerte al llegar: pasar a formar parte, sin saber
y con un último esmero, de un destino exterior más fuerte
que el peso de la propia sangre, ya sin fe ni otros dictados
donde asentar su fondo.

En todo caso, mi vida hasta hoy no fue más que eso:
cruzar sobrecogido una vieja cocina,
poniendo cuidado entre las manos
—sopa, frascos, cuerpos, palabras—
para no arruinar lo que debo atender bien.
O acaso soy yo quien siempre hago temblar eso mismo,
eso que apenas si acierto a sujetar, lo dejo suelto
por no arruinar el vuelo de aquello que encontré
sin esperarlo.

Y cuánto, cuánto saldo sigue persiguiendo mi memoria en llamas. Pero nada, nada como aquella sopa que yo miraba humear y temblar mucho en el circo del plato, a punto siempre de desbordarse, de caer en el fracaso del exceso. Y siempre que lo necesito, siempre que necesito salvar algo de la desatención, pienso en aquel plato, en aquel humo amoroso que nublaba mis ojos y hacía aún más difícil seguir hacia adelante.

Pero siempre llegó entero al comedor por aquel itinerario, el primero de otros donde a menudo dejé a tiro el corazón.

Y todo se salvó.

Sopa, frascos, cuerpos, palabras.

Corazón.

El esmero.

FERVOR

El rugido inicial de los días. La extraña
cortesía de las flores, que agregan luz y sueño
al tibio malestar de ser mortales.
La nieve, sus medallones solo aclamados
por los niños que aún saben amar todas las caras
del frío. El vino duro, su sabor a astillas muertas.
Las voces interiores que resisten refregadas
contra las fábricas profundas de la memoria
todavía. El sol, ese animal adormilado
en los atardeceres vidriosos del otoño.
¿Qué más?
La llegada imprevista
de los recuerdos como caballos sueltos, incapaces
de ser parados ya.
Y el compás de los mercados, su frutería vivo
rodando entre las manos. Y la suma felicidad
que vive sin saberlo en algunas canciones
compartidas de lejos. Y ciertos portales
que huelen como el alma mojada por el amor.
Y ciertas fechas que ablandan el curso
invertebrado y áspero del tiempo.

Y, sobre todo, seguir queriendo vivir en las orillas de las cosas, donde no entrará jamás el aliento del oro.

Y poco más. Y poco más.

Y ya.

acotado del ojo

razón de peso

(Alberto Giacometti)

desconfianza
de todo lo que ocupa
con satisfacción corporal
lugares, fechas, modos

ni siquiera molestar los filos
del aire

más bien ese fervor por arañar y arañar
volumen inmediato
en todas sus criaturas

de eso se trataba:
la majestad del desvalimiento
como única certeza

porque ¿cómo creer en la temeridad
de estar él mismo vivo totalmente
tras la sinfonía de devastaciones
que su siglo ha sembrado?

alberto giacometti
entra resuelto y asustado a su taller cada mañana
y hace desaparecer un poco mejor
su obra

para darle sentido y longitud,
para excitar la materia hasta los alrededores
de la invisibilidad,

allá donde solo la escasez ofrece abrigo,
densidad segura

cruce de miradas

(Delhy Tejero)

a Javier, in memoriam
a María Dolores, a Inés Vila

tú que tomaste trenes de rumbo derogado
y esperabas el alba en estaciones
azotadas por la desolación,
consultando relojes
y mapas donde todo te asistía salvo la exactitud,
tú que pisaste continentes sin ánimo,
llenos de espinas y de pesadumbre

ahora nos miras
desde las esquinas luminosas de tu nombre
y nos obligas a mirarte de frente también

—cruce de miradas—

para seguirte por calles que aún paseas
con los cabellos alarmados y una maleta
que prolonga tus dedos y que pones a enfriar

en habitaciones desveladas
donde, con miedo y sin ayuda,
llegaste a presentir para nosotros,

adela tejero,

la canción rotunda
de la Totalidad

la gran vigilia

(Antonio Pedrero. Mural de *La Golondrina*)

vicisitudes de la noche

estabais todos, próximos
y respetables, acogidos
al vino y de espaldas a las denominaciones,
lejos de los hombres útiles

en una disidencia no sabida

y todo estaba sucediendo allí
—bar «La Golondrina»—
más allá del desamparo de los relojes públicos,
cuando de la ciudad ya no salía el aullido del orden
ni daban respeto oscuro fachadas donde ardían
tenebrosas banderas inflamadas

el hijo de virgilio y de carmen
os había pintado así,
apretados y alegres,
vuestra vida derramada al fin

en una extensión de horas
solo modeladas por vosotros,
y eso os hacía más libres sin la sombra
de vuestros oficios
y con la melodía de vuestros apodos
(Chivín, Curro, Pirata, Cacabelo ...)
volcados sobre los nombres para escapar un poco
del ácido aliento de vuestra identidad

por un rato
posabais la vida en los vértices llorosos
del cante que un hombre restriega ciegamente
con la voz desollada
mientras los demás, como príncipes rotos, escucháis
lo que él entrega a la nada, al humo
del local, a sus muebles accidentales
donde flores sin nombre cuidan
de lo que no cabe en el mundo

lo mismo que vosotros

(Manuel, Martín, Virgilio, Gregorio, Claudio, Ramón,
Julio, Fernando, Ángel, Juanito, Paulino,
Lázaro, Andrés, Eulogio, Antonio, Luis)

¿quién os cuida de lejos?

os fuisteis ya pero seguís aquí,

todos intactos,
en la noche interminable de vuestro sueño de amistad
desprevenida

corazón numeroso,
no has perdido esta vez:
un resto de aquello sigue en pie, nos guía,
nos alienta, nos deposita a todos,
uno por uno,
en este mural donde continúa la juerga del alma,
donde el maestro de la serenidad
os dejó así para siempre

estampados contra la vida sin órdenes,

entre palabras arrastradas por la grasa civil de la noche,

vivos y revueltos,

irremplazables

todos los huesos de la luz a la vista

(taller de José María Mezquita)

... y ya eso es todo
en tu pintura ...

con paso quedo de nevada
tardía
vino a ti el desapego

ahora
el ojo se abastece tan solo
de la extraña duración flotante de la luz,
del exceso puro de las sombras

... y ya no hay más ...

... es que ya no hay más ...

(vigila el pintor
el momentáneo peso de la claridad, no ve
otra cosa cerca de su vida:
golpes de luz y sombra, planos

de gloria muda

                    nunca seres
                    nunca nombres)

hasta allí llegaste, maestro de los espacios
abandonados,
para ver hilos sin causa
y perseguir la música inaudita del vacío
que tú oyes como nadie

últimas geometrías, tormenta
de los vértices, ángulos llenos
de espanto entre tinieblas sollozantes

desmantelados, cayeron sin pulso los colores
de cuanto en otra hora
tú supiste guardar para consolar al mundo

como quien guardaba
solo
las apariencias

parada de pájaros

(Manuel Sierra)

allá que van, seres sin norte y el plumaje
en vilo, buscando dónde apalabrar su vuelo

con qué

hasta parar sobre ramas mondadas
en las horas rígidas del invierno

con alas desconcertadas cruzan
aves
          sueltas
                              —como tú mismo—
por el cielo vaciado
de nombres y de revelaciones

las has fijado aquí, en la fatiga
asustada del tránsito
hasta que al fin bajan a tierra
y se quedan
en su pequeña majestad absorta:

picos quietos, ojos de humedad sangrienta
donde una vigilancia germina

y ese plumaje —rojo, amarillo, cárdeno—
que explica todo

lo que tú, lo que otros seguimos aguardando
entre las gasas cansadas de tanta palabrería
deshilachada
y muerta

libertad

desatención, elogio

(Fernando Zamora)

él
tomaba con tiento entre las manos
el pulso inmoderado de las cosas señaladas
por el abandono:

desgarrones de muebles, hierros
ya sin estima, desdentados desechos
arrojados a la nada de las orillas …

todo eso que él devolvió al mundo
de otro modo, sin perder
el mérito de la desatención
pero ahora brillando con alivio en los aposentos
y en los tronos de su quehacer callado

hilos, bisagras, óxido, inmundicias …

pudor de la materia

la materia,

que ni siquiera abriría los labios para decir quién era
ese hombre que acogía
las heridas menudas del lenguaje
y hacía con ellas cisco de inocencia,
un abecedario de adhesiones al silencio
en su taller de sílabas huidas,
allí donde la soledad desbocada de cada cosa
limita despacio y dulcemente
con los más ciertos nombres de los seres

gamas de lo árido

(Raúl Urbina)

I

desagrado del aire

el golpe de la luz en los recintos
tomados por el abandono

lobos oscuros y húmedos
parecen haber aullado aquí, un lugar cariado
donde brillan a espaldas del concierto del mundo
las últimas trompetas del desánimo

II

y, sin embargo, una solvencia
de polvo y de crujidos

pone a vibrar las aristas sombrías de este espacio
sin alma

lo mínimo ha estallado: es el estruendo
de la poquedad

el tiempo y su mordisco minucioso
y la fatiga de la adversidad dejarán paso
a la extraña belleza de los líquenes
y a suaves mariposas inconcretas

comoquiera que sea,
también la vida llega
aquí, donde las negaciones
se frotan contra sí mismas
y se escatima el hilo de la claridad

III

modales del hollín

es la última belleza, la que nadie sabe, la que abre
resplandores donde ya no se espera
el oro sucio de la contemplación servil

íntima terminación,
gloria final de aquello que un día fue feroz y útil
y ahora solo puede posar nombres descompuestos
en los labios de lo desfavorecido

y la oscura garantía de la desolación

trasiego

(Benjamín de Pedro)

condescendencia
de aquello que estuvo de otro modo
en los plazos vistosos de la luz,
aguantando el compás natural de las inclemencias

y ahora se deja rozar
en el frío social de los domicilios
por el tacto asombrado de las manos

da consuelo
este arrebato de proximidad

lo vegetal
entra suavemente en el mundo detenido
de las casas

nos afrenta
su impacto silencioso: vetas y anillos
y la caligrafía leñosa del tiempo
en el resplandor parado de los árboles

las piezas aún retienen las fibras
de lo inmenso
en la luz neutra de los comedores,

incluso en la usura de nuestras posesiones,
el aliento de un bosque nos vigila
de cerca

y un clamor sale de lo que un día estuvo erguido:
que llegue pronto un desagravio
y devuelva su poder al énfasis exhausto
de la tierra

no todo se ha perdido

todavía

fuera de lugar

(Encarna Mozas)

cada día te levantas a nombrar
flores que se despiertan ellas solas y van
creciendo poco a poco hacia la lástima

fidelidad ciega del ojo, siempre de parte
de lo que está tan a la vista
que consigue rozar todas las maneras
del desentendimiento

en pos de lo olvidado, persiguiendo
las últimas molestias de las cosas,
anotando el latido de las pequeñas atrocidades
solo admitidas en los distritos del desamparo,
tú salvas el amarillo obstinado de los cardos
y avisas de cómo brillan las brechas de la luz
en la actividad de las cunetas y de las fincas
desafortunadas

ahí, fuera de lugar,
en los solares de lo asustadizo,

donde todo lo arrolla otra verdad, la que nunca arrastra
a las inadvertencias
hasta los bordes de la decepción

disidencia y escándalo

(Juan Rafael)

esta es la hora:
honras menudas y licores súbitos

qué lejos la gárgara del orden, sus avíos
estrellados de pronto contra el régimen
de los calendarios

es la alegría de las desavenencias

entonces, enviciada de luz, empieza a actuar la mano

un brillo silvestre de betunes
atraviesa el taller

de ahí viene el aullido total de tu pintura

mundo de signos quietos como lenguas frías,
baile oscuro de fermentaciones y de sedimentos
y el álgebra violenta
de recados que salen de tu mundo

contra el general bienestar insoportable

es tu idioma, es tu único himno
para firmar la paz con lo que siempre buscaste

la incansable llamada a lo insumiso,

a lo desazonado

QUIETA CASA YA

Estoy aquí para apagar las luces, para cerrar las puertas,
cuando vuelva por mí la casa en que te vas

Olga Orozco

… madre…

QUIETA CASA YA

(23, junio)

La casa, sus orillas desdentadas. Y muebles ciegos tan cansados de sus vértices. Cada tarde, un dominio inmediato de sustancias pone excusas quietas en el aire para que resistamos nosotros un poco más aquí, entre cosas aún enteras y que huelen a un nombre. Hay

> cuadros —dos— acuchillados por los años y por todos los colores del desánimo
>
> y embobadas figuras de cerámica, sucias como esa agua vieja que ya no da para fregar más
>
> y el golpe de calor que deja caer, sin saberse a sí mismo, un frutero de vehemencia perdida.

Eso hay. Eso vemos nosotros. A eso se confía quien entra ahora a comprobar que todo sigue ardiendo en su puesto inútilmente.

Todo salvo ella.

Mejor quedarse afuera. Entrar allí es pactar con los olores difíciles: difusos aletazos de especias y de salsas suspensas que han perdido ya el nombre. Y todo tan frío.
Sin aviso, surge ante nosotros una mueca suelta desatada bruscamente del pasado:

¿Tú qué pensabas? ¿Que todo iba a seguir como entonces, cuando ella estaba?

(pude oír esto entre risas de glándulas negras)

pero hay que seguir adentrándose en la casa cada día. Un pasillo de ángulos cortados. Juegos muertos de puertas. Y ese cuarto vacío donde no quieren entrar los astros ya.

(24, junio)

Ahora que te has ido resulta que todos los objetos están aquí pendientes de sí mismos, como si su destino se hubiese detenido para siempre. Nos ponemos ante tu monedero y escarbamos a ciegas. Lo que nunca habíamos hecho. Y sale a por nosotros aquel rostro, ya desvinculado, entre otros yacimientos documentales: es tu cara justo en el trallazo del fotógrafo. Y entonces empuñamos la ilusión de que aún nos miras de verdad tú, de que sigues de este lado con la sangre muy caldosa —igual que aquellas sopas tuyas que yo subía entre temblor de pasos hasta el comedor—, advirtiendo el baile suave del aire en las cortinas y diciéndonos de pronto aquellas palabras de última hora:

«*Ya casi no se ve*»

aunque todo el mediodía hubiera entrado en la casa a bañarte de luz.

Porque ya se había hecho sitio en tus ojos dulce música oscura.

(25, junio)

¡Aquellas palabras encasquilladas que nunca acababan de salir de tu boca! ¿Por dónde andarán aquellas palabras? Las busco con imprudencia en el aire de la casa. Hasta que pudiste, tú lo removías atizando abanicos inconsolables. Seguro que aventaste aquellas palabras tropezonas que apenas sabían escapar por tu boca y ahora se moverán bajo los muebles, buscarán la última adhesión de nuestros zapatos. Tus hijos las pisaremos sin saberlo.

Van a venir hombres extraños. Pronto llegarán. Conocerán lo que no les concierne: el estupor de las bandejas vacías y esa pared apaleada por la humedad del invierno. Verán tu cama, aprenderán el orden de tu ropa aún en los armarios. De pie, hablarán de cifras que caerán hasta el suelo resonando como monedas muertas. Nadie las recogerá; allí quedarán, bailando solas la melodía tremenda de las transacciones.

Poco a poco, allá donde pongamos los ojos va a crecer el aliento agrio del despojamiento. Ya hay que deshuesar la casa, hermanos.

(26, junio)

Galas frías. La fantasía negra de los recuerdos últimos, que me visitan antes de alejarse traqueteando en los carruajes de la memoria. ¡Y todo qué nefasto! Pero pido tu voz y aún me la sé, me viene a buscar volando por el aire atiborrado de la casa.

En estas fotografías cabe la muerte. Son los antepasados, que aún siguen ahí desecados en sus gestos y en sus ropajes sin actualidad. Alguien los reunió un día a todos juntos sobre el mueble de la habitación donde me he desvelado muchas noches, noches abiertas por la mitad igual que nueces en llamas. Tú me llamabas, me decías: *¡Maricarmen!* con una voz inevitable. Yo encendía entonces la luz y ellos siempre estaban allí, inmediatos como espías que cuidaran de la costra indefinible del pasado: abuelos, tíos, parientes de vida calcinada ya pero que han dejado como última cortesía restos de ellos mismos en nosotros (el bulbo de unos labios prominentes, la quemazón de una mirada azul ...). Todos aún tan firmes. Son los últimos ilesos. Me siguen alarmando sus ropajes. Como recién fusilados, aguantan el agravio del tiempo todavía. Salen sus credenciales a buscarme el corazón entre sombras heladas. Desde otra orilla se agarran a mi nombre, a ese nombre extraño que tú me has puesto (*¡Maricarmen!*) para que yo no exista en mí mientras te incorporo y te ayudo a cumplir hábitos últimos. Aún sabes beber agua.

(27, junio)

Tú, que solo sabías estar en los asuntos sedosos de la suavidad, a qué encomendarías esta respiración de la casa a queso ácido. Entro otra vez en ella —casa quieta ya, sin tu presencia viva— y solo me saluda la insoportable densidad que sucede a las desapariciones, como cuando la lluvia termina y a los oficios de los patios vuelven pequeños animales sobresaltados. Tú estabas hecha de entera levedad y mira,

mira ahora qué cochina espesura: en la casa ha descargado el apretón oscuro de tu falta.

(29, junio)

Últimas apariciones aún salen a recibirme si entro solo, ya de noche, tanteando por entre una geografía desvitalizada. Flores de plástico, tarros mediados de sustancias con la ferocidad de lo que caducó en silencio, el historial médico de tus anomalías resueltas en nombres afilados con fervor clínico… Eso es lo que va quedando ya, como quedan los sedimentos resecos en el fondo de un plato abandonado. Es el olor de las terminaciones. Entro en la casa ahora y una química turbada flota sobre la mariposa de tu nombre, aún caliente.

Tu voz, pura lana asustada, se va perdiendo por las sombras de las habitaciones. Pero aún podrías llamarme. Te oigo. Creo que te oigo. Estás. Seguro. Soy yo quien no puede llegar a ti. Te persigo con nombres cuyo significado se deshace enseguida en lo incierto del aire. Creo que te voy a ver todavía ahí, hundida en el sillón, mirándote mucho a ti misma los dedos de las manos como pájaros extraños, contándolos uno por uno mientras se gasta del todo la luz de la tarde. Voy hacia ti. Inicio un recorrido pasillo adelante. No quiero que termine. Sería la evidencia de que sí te fuiste. Me planto. Aquí me quedo. Te llamo a media voz. La tiniebla del silencio vuelve a escarmentarme.

(30, junio)

a Carmen

Hemos de vernos allí, en la casa, tú y yo convocados por un convite de sombras. Una cita sin huesos. Cáliz con sangre, qué obligación ineludible. Y hacia allá vamos los dos. A desoír su voz, que ya no nos reclama. Todo en ese espacio es pasto de omisiones: relojes plantados en una hora seca y tiestos ya sin mérito. Nos vamos a encontrar por fin ahí, dentro de este baile desdentado donde los huecos salen a recibirnos, donde nos pasaremos apresuradamente recados de lápidas y deudas, hermana mía, como quienes despachan un tráfico menudo de sollozos.

Jadea la casa. Una respiración entrecortada y terrible se advierte entrometiéndose en fruteros desiertos y en la desesperación de los tendederos indefensos. Todo lo ocupa un bramido, el aliento torpe y poderoso de un animal antiguo que se nos viene encima. Bien sabemos que es inútil librar al corazón de esta tromba oscura mientras dure el vaciado veloz y caigan los objetos por los despeñaderos de lo que ya no hace falta.

La palabra «nosotros» ya no alcanza a nombrarnos. Una extrañeza ha poblado el empedrado de sus sílabas. Orfandad de esos frutos que ya no tienen rama.

(1, julio)

De la oscuridad de los cajones, a veces salen a cortarnos el paso iluminaciones inesperadas. La letra de nuestro padre, casi un álgebra con ese temblor de los alambres ya muy usados; una medalla suelta que se escapó de un pecho; asas perdidas de alguna taza inútil; escrituras agrarias de remotas posesiones familiares que ya no existen salvo en la indigesta sintaxis de olvidados funcionarios; lazos funerarios del color de las telas hervidas... Lo miramos todo y no sabemos cómo saludar, con qué lenguaje útil, para aguantar tanto peso muerto del pasado que sale a entregarse a fin de que lo hagamos —y cuanto antes— incandescentes trizas.

Vajillas incompletas, copas desparejadas, la plata afligida de algunas joyas de familia, sábanas manchadas de seca biología nocturna. Venga, venga… Todo va pasando delante de nosotros como una oración fúnebre apenas respetada por el recuerdo en llamas de otros días, cuando compartimos risas y caldos y estruendo dulce de cristalerías.

Nombramientos. Recuento del vacío.
¿Falta algo por desaparecer?
Entonces, vámonos.

(2, julio)

(relato de una comparecencia)

Ellos eran tres. Fueron tres durante mucho tiempo.
Siguen en pie. Aquí se quedarán. Saldrán a despedirnos. Nos abrirán la puerta para dejarnos escapar. A nosotros. Y se quedarán dentro. Ella fregándose las manos con exageración contra el mandil y él con sus escasas palabras minuciosas.

«Cuidado con el frío»
«Llamad alguna vez»

Ni un reproche por haberles desocupado la casa. Nos hemos llevado sus cuadros, sus anillos, los retratos con los que a veces conversaban a escondidas. Ella se asomará al exterior para no dejar de vernos todavía y luego se encerrarán. Los tres. Con un golpe de llave. Aún los sentiremos moverse dentro entre ruidos de muebles rozados. Siguen viviendo allí. Seguirán por siempre. En la casa vacía.

«Voy a hacer más café», alcanzamos a oír.

Y el tercero, el que mejor veía de todos:

«¿Me pones un poco de vino para mojar la palabra?»

Desde fuera, nosotros los oiremos aún y no comprenderemos nada. ¡Pero si habíamos vaciado del todo la casa...! Y, sin embargo, los tres siguen ahí. Somos nosotros los desaparecidos.

Ahí os dejamos. No cojáis frío.

En la casa vacía.

(3, julio)

No vendrá frío de tus dientes nunca y nunca, madre. No pasó nada. Solo estás dormida bajo un vaivén de flores amargas allí, en la tierra que tú más querías. Todas las noches bajo a revisarte, me remojo en el agua clara de tu nombre y aparto para ti, de todos los himnos del mundo, esta nana que canto con los labios desentrenados, casi secos. Escúchala en tu sombra. Nana pendiente. Recado de perdón que te lleva tu hijo entre gestos oscuros y el quehacer de vivir esperando, quién sabe todavía, que me mudes de ropa cada sábado. Escúchala, escucha esta nana última, madre, y átame los zapatos tú y ponme algo de ropa seca encima donde yo pueda olerte.
Saldré a buscarte.
¿No me oyes? ¿No me oyes?

Madre. Muda.

(junio, 2019 - octubre, 2023)

NANA ÚLTIMA

pero pensé: ya soy
demasiado viejo para ser huérfano
ADAM ZAGAJEWSKI

La ves y no
la ves. La llamas
y no viene, no sale obediente
su cara de los oscuros cuartos
de la memoria
                    (así están las cosas,
madre: no hay pisadas seguras
sobre tu recuerdo
porque tú ya ocupas otro continente
del que yo no sé nada).
                              Pero luego
aparece, radiante y por su cuenta,
con aquellas manos arcillosas,
las distinguiría de entre todas
las manos que pasaron por mi vida.
No sabemos
lo que pueden los muertos hacer
desde su quietud. Saben

regresar por caminos fulminantes,
traen en sus manos
animales menores, tan pequeños
como el olor de las confidencias,
y se quedan sin permiso un rato
por aquí, rozándonos
los muebles con las uñas, poniendo
sobre nuestra vida el olor agrio
de sus cabellos, la balada feroz
de su voz, magullada y disuelta
por tanta oscuridad acumulada.

Te presentas así toda tú
cada día
y me miras en calma mientras tiendes
la delgadez hilada de tus brazos.
Y yo te pido: quédate quieta y para siempre
conmigo así,
oyendo esta nana fría,

ea, ea, ea,

cierra tus ojos, ahora eres tú
la que debes aprender mucho a dormirte,
traza un beso con tus labios de papel
y no acabes de irte del todo nunca
hasta esa orilla seca
que tú cruzas cantando siempre
para que tus hijos oigamos de nuevo aquella voz,
mejor que todas,

antes de que regreses a otros bordes
sin avisarnos, sin esperar
a nadie, con prisa innegociable,
como un oscurecer de invierno.

Te vas, te fuiste un día
pero todo es un sueño porque sigues aquí,
entre las cosas del mundo,
y ahora debes dormirte nada más,
anda, hazme caso,
quédate aquí,
ea, ea, ea,
no vuelvas más a esos golfos sombríos. Yo
querría entonces ir detrás de ti, te perseguiría
por patios ardiendo y corrales sin orden
hasta salir tú y yo juntos por los huecos del mundo,
no quiero andar mucho más por aquí
porque *ya soy demasiado viejo*
para ser huérfano
y mejor detener del todo
el espanto de las campanadas en los relojes,
la detonación de los días laborables,
el silbido de las fechas en rojo
de todos los calendarios

para, al fin, alcanzarte y pedirte
perdón con todos los huesos
del cuerpo en pie

mientras por aquí queda flotando,
ea, ea, ea,
algo mal nombrado, algo indefinible
parecido al sabor de la palabra madre.

caer del aire, disolverse como
si nunca hubieras existido

José Ángel Valente

ÍNDICE

acotado del ojo

QUIETA CASA YA

Esta primera edición de *El que menos sabe,* número cinco de la colección Tercer Gesto de Eolas ediciones, se imprimió en 2024 y en marzo, a punto de entrar en la estación del fervor y justo cuando vuelve al rostro del mundo esa dulzura que nos hace creer del todo otra vez en la vida:

Si de golpe cayese la dulzura
del mundo sobre un rostro (…)

Versión 2

EL QUE MENOS SABE

Nunca supe negociar.

Viví entre patadas en ciudades de nombres largos,
~~y escandalosos~~ tomados por el escándalo. No me acostumbré
a su oscuro resplandor y siempre me fui
de allí / a otra

Me fui también de todos los lugares
donde había amos, donde la seriedad
esperaba a los niños al final de la tarde.

Soy el que menos sabe. Vivo de preguntas,
ignoro el peso azul de los relámpagos
y la intimidación de las brújulas.
Bajo la carne de las cosas, pongo palabras pálidas
y espero. Eso es lo mío. Esperar
el atropello del tiempo, verlo pasar
con suministros helados, con adjetivos veloces
y hacer algo por detenerlo.

Qué oficio extraño este. / Poco fiable el color / de su nombre.
Te acusan de ~~sacar~~ tocar / lavar a las palabras / peligrosas,
sacarlas de la fila y / o ponerlas
a hervir fuera de sitio, ~~donde nadie~~ / ~~las conoce~~.

Te escuchan sin oídos todos ~~delicados~~ / ~~preocupados~~
Te llaman por un nombre que no tienes.
Te aplauden por llorar.

[con espacios]

Te piden que des voz al abandono (¿?)